上野公园

浅草寺

筑地

月岛

晴海之场

晴海

丰州

有明

台场

东京港

献给我妹妹艾米丽和我哥哥弗朗克，致我们过去的回忆以及将要创造的未来。

——奥雷莉·B

献给我的两位小漫画爱好者——吕迪和莉莉。

——纳塔莉·J

一起看世界

你好，东京

〔法〕奥雷莉·邦巴奇 / 著

〔法〕纳塔莉·雅内尔 / 绘

李尧 / 译

海天出版社

·深圳·

版权登记号　图字：19-2019-126号

Tokyo pour un jour

Text Copyright © 2017 by Aurélie Bombace

Illustrations Copyright © 2017 by Nathalie Janer

Original edition first published by Éditions Limonade under the title of
"Tokyo pourun jour"

Simplified Chinese rights arranged through Beijing Star Media Co.,Ltd.
（http://www.wstern.com）

图书在版编目(CIP)数据

你好，东京 / （法）奥雷莉·邦巴奇著；（法）纳塔莉·雅内尔绘；李尧译 . 一 深圳：海天出版社，2020.2
（一起看世界）

ISBN 978-7-5507-2696-3

Ⅰ . ①你 … Ⅱ . ①奥 … ②纳 … ③李 … Ⅲ . ①儿童故事 - 图画故事 - 法国 - 现代 Ⅳ . ① I565.85

中国版本图书馆 CIP 数据核字 (2019) 第 161477 号

你好，东京

NI HAO, DONGJING

出 品 人	聂雄前
责任编辑	陈少扬　侯天伦
责任技编	陈洁霞
责任校对	万妮霞
封面设计	度桥制本 Workshop

出版发行	海天出版社
地　　址	深圳市彩田南路海天综合大厦（518033）
网　　址	www.htph.com.cn
订购电话	0755-83460239（邮购、团购）
设计制作	度桥制本 Workshop
印　　刷	深圳市新联美术印刷有限公司
开　　本	787mm×1092mm　1/16
印　　张	2.25
字　　数	30 千
版　　次	2020 年 2 月第 1 版
印　　次	2020 年 2 月第 1 次
定　　价	32.80 元

你好，东京

"由美，来吧，你不要再把自己关起来了，出去走走！"

"不，不，不，我在这里就能看到东京，窗户很大，不需要出去。我只想待在家里，我对散步不太感兴趣。来来去去都一个样。"亚纪子的小仓鼠由美说道。

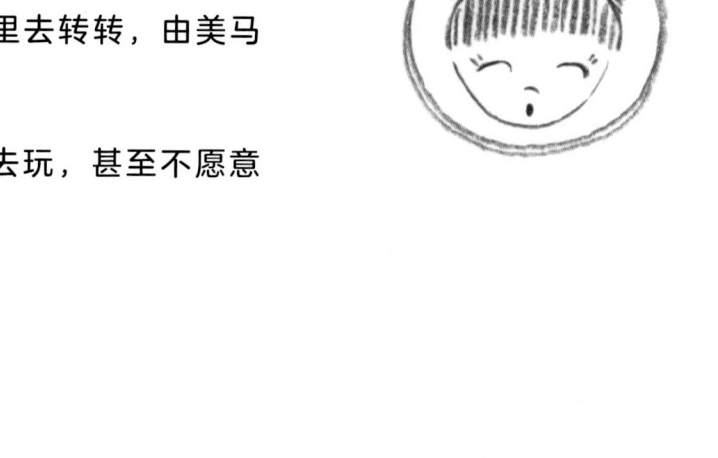

一听说要到东京城里去转转，由美马上就心烦意乱。

它从小就不喜欢出去玩，甚至不愿意去邻居家串门。

东京

4

"你怎么能不爱东京呢？"亚纪子问，"这是一座多元化的城市，风景迷人，既有充满现代感的霓虹灯，又保留着许多传统。你真的要去好好看看。你会喜欢的，相信我。"

由美做了个鬼脸，不想让步。

小女孩突然想到一个好主意。她在乱糟糟的书桌上翻出了一本相册。

由美不愿意逛日本的首都，没关系，亚纪子会用另一种方式带它去。

"由美，看这儿，这是**新宿御苑**，东京最大的公园。我去过，是跟我爷爷奶奶去的。你看，樱花都盛开了。春天里，有五千多株樱树开花呢。要不是你一直发牢骚，我们就可以去那里野餐，寻找最早开放的花。我奶奶喜欢到那儿散步，有时会停下来喝喝茶。"

由美专心地看着照片，然后转过身去，一言不发。

亚纪子微笑着继续翻着相册，看到了另一张很有纪念意义的照片。

"看，这就是**皇居**，我们班在毕业那一年去的。你知道吗？每年有两天皇室成员会向公众致意，分别是天皇诞生日和 1 月 2 日，天皇会为所有游客祈福。由美，你看，多美啊，你不想去看看吗？"

好奇的仓鼠一点点靠过去。
它也很想看看呢。

由美此刻觉得自己是最幸福的仓鼠。

它终于松了口气，轻轻地爬到亚纪子肩上，贴着她的脖子，亲了一下。

"谢谢你，亚纪子。东京，明天见！"

一起发现东京

东京皇居

日本天皇居住的宫殿，被护城河环绕，有宫廷式的大门、传统的守卫塔、设计典雅的二重桥等。皇居内苑只在每年1月2日和天皇诞生日开放给民众参观，尤其是1月2日，会有非常多日本民众到这里看天皇发表新年贺词。平日里，游客一般游览皇居的外围，包括皇居外苑、皇居东御苑和北之丸公园。

新宿御苑

曾是日本皇家园林，1947年开辟为公园，有日式庭园、法式几何庭园及英式风景庭园三座各有特色的庭园。新宿御苑一年四季都有很好的景致，春天可以赏樱，秋天可以赏枫，庭园和温室里还种植了多种植物可供观赏。

秋叶原

东京著名商圈，世界闻名的电器街，也是日本动漫迷的圣地。电子产品店、模型玩具店、动漫产品店、主题咖啡馆、新的办公及零售卖场综合大楼在这里并肩共存。

东京塔

东京地标，以巴黎埃菲尔铁塔为蓝本建造，高332.6米。塔身颜色主要为红白相间，塔身灯光会随季节而变化颜色。东京塔在150米处设有大瞭望台，在249.9米处设有特别瞭望台，天气晴朗时可以远眺富士山。塔下有各种卖纪念品的商铺。

银座

日本最具代表性的繁华商圈，号称"亚洲最昂贵的地方"，与巴黎香榭丽舍大街、纽约第五大道齐名。这里聚集了世界顶级名牌店、日本高档百货商场、各式传统餐饮店和高级餐厅，以及画廊和美术展览室等。每到周末和节假日，银座主要路段会在规定时间内禁止机动车辆通过，从而使这里成为名副其实的"步行者天堂"。

上野公园

日本第一座公园。上野公园有上千株樱树，是日本著名的赏樱胜地。公园内最大的湖泊不忍池以荷花著称，湖内还栖息着黑天鹅、大雁等水禽，湖边建有水族馆。公园内的动物园里有大熊猫、大象等动物。公园里还有东照宫、清水观音堂、西乡隆盛铜像等古迹和博物馆、美术馆等。

涩谷

东京著名的以青少年为对象的商业中心，有面向年轻人的时尚服饰店、餐饮店和娱乐中心等，是很多流行文化的发源地。涩谷车站前有著名的忠犬八公像，因《速度与激情3》等电影而闻名的"世界最繁华十字路口"也位于此。位于东急百货总店旁边的文化村是每年东京国际电影节的主会场。此外，这里还有代代木公园、明治神宫等景点。

浅草寺

东京最古老的寺庙，寺内有热闹的商业街和许多景点。风雷神门是浅草寺的大门，也是浅草寺的象征，其中央悬挂一个重达670公斤的大红灯笼。此外，浅草寺还有宝藏门、本堂、五重塔、二天门、浅草神社等景点。